EXPOSITION UNIVERSELLE DE 1867

RAPPORT

SUR

LA SOIE, LES SOIERIES

ET

LE MATÉRIEL DE CES INDUSTRIES

PAR

ELLIOT · G. COWDIN

de New-York

Commissaire des États-Unis d'Amérique

PARIS

IMPRIMERIE CENTRALE DES CHEMINS DE FER

A. CHAIX ET Cie

RUE BERGÈRE, 20, PRÈS DU BOULEVARD MONTMARTRE

1867

RAPPORT

SUR

LA SOIE, LES SOIERIES

ET

LE MATÉRIEL DE CES INDUSTRIES

PAR

ELLIOT C. COWDIN

de New-York

Commissaire des États-Unis d'Amérique.

PARIS

IMPRIMERIE CENTRALE DES CHEMINS DE FER

A. CHAIX ET Cie

RUE BERGÈRE, 20, PRÈS DU BOULEVARD MONTMARTRE.

1867

C.

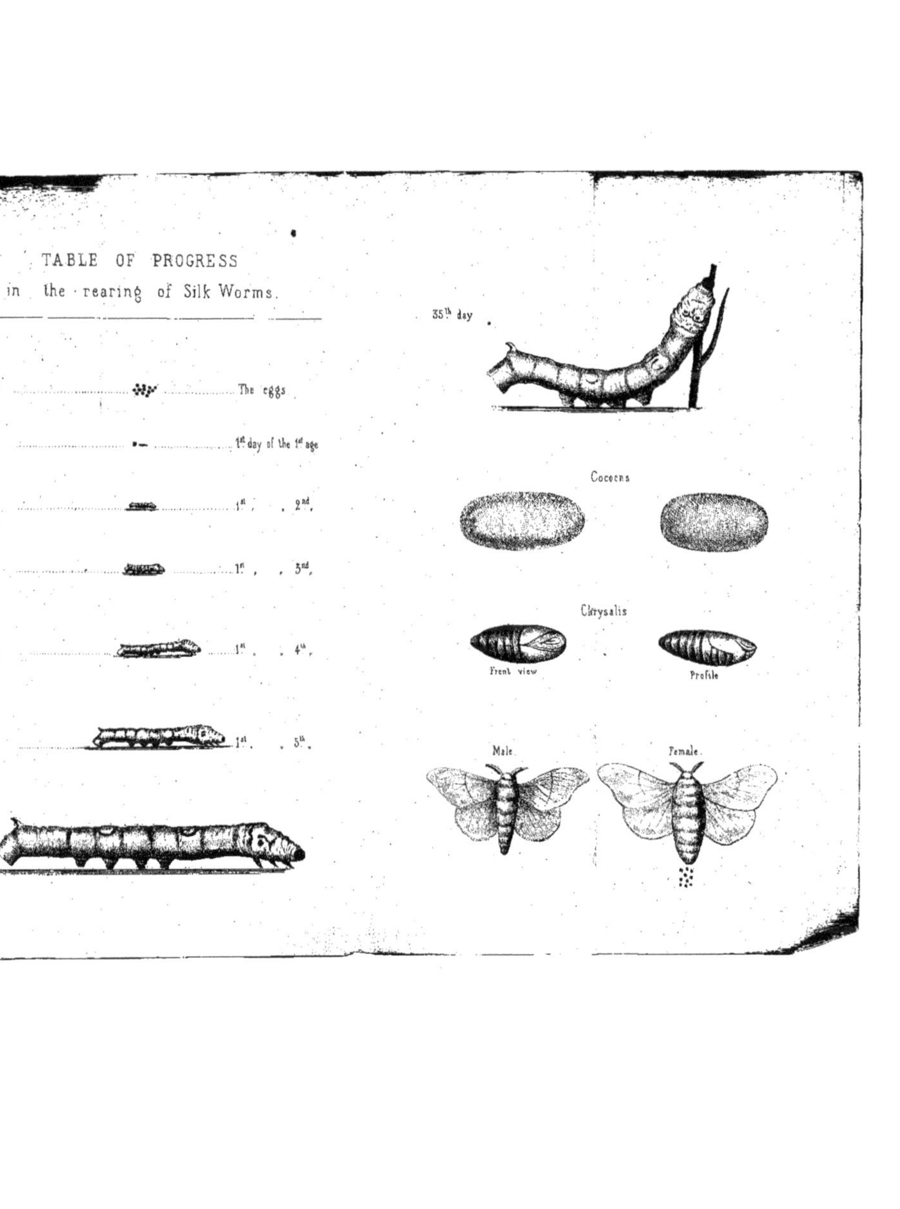

TABLE OF PROGRESS
in the rearing of Silk Worms.
The eggs
1st day of the 1st age
1st , 2nd,
1st , 3rd,
1st , 4th,
1st , 5th,
35th day
Cocoons
Chrysalis
Front view
Profile
Male.
Female.

DES SOIES ET SOIERIES

Le soussigné, commissaire des États-Unis d'Amérique et membre du *Comité "sur les matières premières et manufactures d'utilité générale les plus remarquables"*, chargé spécialement de traiter la question de *la soie, des soieries* et du matériel de ces industries, a l'honneur de soumettre respectueusement le rapport suivant.

RAPPORT

La soie, par ses caractères, ses qualités, son inaltérabilité, la richesse et la beauté de son apparence, est, par rapport aux substances textiles, ce que l'or est aux métaux. Elle est de toutes les matières filamenteuses celle qui donne les fils les plus fins, les plus résistants et les plus élastiques. Sa ténacité est aussi grande que celle du bon fer, c'est-à-dire qu'un fil de fer et de soie de même section supportent à peu près un poids égal avant de rompre, et la matière textile offre une élasticité supérieure à celle de la substance minérale. La soie réunit, par conséquent, les propriétés les plus brillantes aux qualités les plus solides. Tant de conditions excellentes et avantageuses l'ont fait rechercher de tout temps par les diverses nations du monde. La Chine, encore aujourd'hui la contrée la plus importante dans la production de la soie, paraît avoir été son berceau à une époque des plus reculées ; deux siècles avant l'ère chrétienne, les Chinois faisaient le commerce de la soie avec la Perse, la Grèce et l'Italie. Leurs caravanes marchandes étaient protégées par des colonies militaires. Le nom générique donné à la précieuse matière est resté chinois, sauf une légère modification du mot. En effet, notre *Soie* ou *Silk* porte chez eux le nom de *See*. Les Mongols la nomment *Sirke*, les Mantchoux *Sirche*, les Russes la désignent par le mot *Chek* et les Grecs par *Ser*, etc.

Malgré l'ancienneté de l'usage de la soie, sa nature fut longtemps inconnue et son introduction en Occident est d'origine assez récente relativement à sa haute origine en Asie. On connaît l'histoire de l'introduction des premiers œufs de vers à soie à Constantinople sous le règne de l'empereur Justinien. Ces œufs, dont l'exportation était défendue sous les peines les plus sévères, avaient été apportés par deux moines qui les cachèrent dans une canne creuse, l'an 552 de l'ère chrétienne. L'élève des vers à soie ne se propagea cependant que lentement en Europe. Les Maures l'importèrent à Cordoue vers 910. La Grèce et l'Italie se l'approprièrent au xII^e siècle. De là, cette industrie passa à Marseille. Plus tard, en 1470, Louis XI tenta de l'introduire au centre de la France, à Tours. Henri IV et Louis XIV continuèrent à encourager cette branche du travail en France, sans grand succès, néanmoins, sous le rapport de la production des cocons et de la filature de la soie. Le tissage de la soierie avec les fils de l'étranger était, au contraire, déjà notablement en progrès et avait un grand développement qu'il conserva jusqu'à la révocation de l'Édit de Nantes contre les protestants. Alors le tissage, aussi bien que la filature de la soie, perdit considérablement. Les émigrés portèrent cette belle industrie en Angleterre, en Allemagne et en Suisse, où s'élevèrent de grandes concurrences contre la France, dont le travail de la soie resta languissant jusqu'après la grande révolution de la fin du dernier siècle, et même jusque vers le retour de la paix en Europe.

L'Amérique ne resta pas aussi étrangère qu'on le suppose trop généralement aux efforts faits par tous les peuples pour s'approprier la production de la soie. Dès 1622, à l'époque de la colonisation de la Virginie, Jacques Ier engagea à plusieurs reprises la *Compagnie de Londres* à encourager la culture du mûrier et lui adressa une lettre à ce sujet, où il enjoignit aux membres de la Compagnie de faire tous leurs efforts pour arriver à ce résultat. Il exhortait les colons à s'appliquer avec soin à l'élève des vers à soie, à établir des magnaneries et des filatures, et à consacrer leur activité plutôt à la production de cette riche denrée qu'à celle du tabac, pour lequel il manifestait une profonde aversion. On planta alors beaucoup de mûriers dans la Virginie ; mais on récolta peu de soie, par suite des difficultés résultant de la prompte dissolution de la compagnie de Londres. Cependant cette culture fut reprise dans la Virginie vers 1651. On affecta alors des primes à l'élève des vers à soie, mais ces nouveaux efforts ne parurent pas non plus avoir eu de grands succès. Des tentatives furent successivement renouvelées en 1718 dans la Louisiane, en 1732 dans la Géorgie, où on récolta en 1736 une certaine quantité de soie grége et où on fabriqua alors une pièce de soierie. En 1749 on poursuivit encore les encouragements de l'industrie séricicole dans la Géorgie et la Caroline, et des Italiens furent chargés d'initier les colons à ce genre de travail. Aussi, quelques années avant la révolution américaine, récoltait-on déjà d'excellentes soies en Amérique; on la comparait alors à la meilleure d'Italie. Les événements politiques et le développement inouï donné à la culture du coton fit probablement négliger les soins les plus minutieux qu'exige l'élève du *Bombyx mori* ou chenille du mûrier, qui donne la soie la plus recherchée.

Cependant les États-Unis ne renoncèrent pas à cette culture. Il y a une trentaine d'années, ils importèrent de nouveau des quantités considérables de plants et de graines de mûriers. Cette persistance dans cette direction même par une nation aussi pratique que celle des États-Unis peut faire espérer que ses efforts seront couronnés de succès. Le moment est plus favorable que jamais à cet effet; nous en verrons plus loin le motif. Mais démontrons d'abord la possibilité de la réussite de cette culture dans un grand nombre de localités de notre contrée américaine.

Il résulte de nombreuses observations faites par la sériciculture et les agronomes français et italiens que :

1° La culture du mûrier et l'élève des vers à soie est possible jusqu'à une limite très-avancée vers le Nord, limite fixée par l'arrivée fréquente d'une température de 25 degrés centigrades;

2° La limite de la culture du mûrier ne dépasserait pas celle de la culture de la vigne, et celle-là est possible partout où l'est celle-ci;

3° Le mûrier peut s'élever sur le flanc des montagnes

de l'Europe jusqu'au point où la température moyenne de l'année est 9°, 44 centigrades;

4° Les climats habituellement orageux sont contraires à l'élève des vers à soie;

5° Les lieux affligés par les fièvres provenant des émanations marécagcuses sont pernicieux aux vers à soie;

6° L'industrie sétifère doit être plutôt considérée comme un rapport additionnel d'une grande fcrme que comme une industrie principale.

A ces données générales sur les conditions naturelles nécessaires ou nuisibles à l'industrie séricicole viennent se joindre les questions non moins importantes du prix de revient de la main-d'œuvre dans chaque localité et de l'abondance et de la rareté des bras. Nous devons cependant faire remarquer que l'insuffisance des soies et leurs prix élevés depuis plus de dix années, par suite de la maladie de la précieuse chenille en Europe, permettent une rémunération assez élevée pour couvrir les frais de main-d'œuvre, même les plus chers; surtout si l'on considère que la durée des soins que réclame la saison de la récolte des soies nc dépasse pas six semaines, à partir du jour de l'éclosion jusqu'après l'emmagasinage dcs cocons (1). Ceux-ci, d'après les systèmes les plus perfectionnés en usage en Italie et cn France, peuvent être filés pendant toute l'année.

Si la production des cocons est surtout une industrie agricolc susceptible d'enrichir l'hommc des champs et si lc dévidage des cocons en fils de soie grége peut être considéré commc semi-manuel et cn partie automatique, toutes les autres transformations de la soie, depuis

(1) Le ver à soic naît vers la mi-mai et meurt à la fin de juin approximativement, suivant la température.

le *moulinage* ou retordage jusqu'après la confection des étoffes, sont entièrement mécaniques. Il ne nous paraît pas possible que les États-Unis ne prennent désormais une plus large part dans l'immense mouvement industriel et commercial auquel la soie donne lieu dans le monde.

Certaines contrées, comme l'Italie, la France et les pays orientaux en général, s'occupent de toutes les transformations de la soie, depuis la culture du mûrier, l'élève de la chenille, jusqu'après la confection des tissus. D'autres pays, tels que l'Angleterre, sans produire la soie sur leur sol, en font cependant le commerce le plus considérable, grâce à leurs colonies et à la puissance de leur marine. L'Angleterre développe également avec activité le moulinage des fils et le tissage de soieries. Enfin il est des nations, comme celles des États-Unis, de la Suisse, de l'Allemagne du Nord, qui sont presque exclusivement manufacturières et se bornent à transformer les soies achetées sur des marchés plus ou moins éloignés. Les plus importants de ces pays, tels que les États-Unis, sont loin d'ailleurs de confectionner jusqu'à présent toutes les soieries consommées par leur population.

La classification sommaire que nous venons d'indiquer n'a rien d'absolu. Les aptitudes des nations manufacturières se modifient chaque jour. Tel peuple, qui était à peine manufacturier, devient chaque jour plus industriel. Ainsi la Russie développe au sud de son pays, dans le Caucase, jusqu'à l'élève du ver à soie (1). Depuis l'annexion de la Transcaucasie, la production

(1) La culture du mûrier, dont l'introduction en Russie remonte à Pierre le Grand, est restée sans grands résultats jusqu'au commencement de ce siècle.

des vers à soie a triplé. Quoique la soie de cette contrée soit loin d'être travaillée avec les soins voulus et qu'elle soit en général irrégulière et seulement propre aux produits les plus communs, en 1865, cette partie de la Russie a exporté près de 30,000 kilogrammes (1) de soie, représentant une somme d'environ 1,560,000 francs, c'est-à-dire au prix d'environ 52 francs le kilogramme, lorsque celles de France et d'Italie se vendaient à un prix double au moins ; on pense que la production totale de la Russie s'élève à environ 88,000 kilogrammes, évalués à une somme de 4,576,000 francs environ. Ce résultat est loin d'avoir atteint son apogée, tant sous le rapport des quantités que sous celui des prix.

Le royaume-uni de la Grande-Bretagne semble profiter de ces fluctuations si défavorables au reste de l'Europe et de l'Amérique même. La marine anglaise va chercher en Chine, au Japon, à Calcutta, à Bombay, etc., la graine, les cocons, la soie, et ses déchets sous forme de bourre, pour la revendre à ses voisins après en avoir alimenté directement ses fabriques, elle revend le surplus à ses voisins de l'Europe et bénéficie sur le transport, l'enmagasinage, le courtage, etc. La soie forme un de ses principaux articles de commerce ; les transactions de l'Angleterre avec l'extrême Orient s'élèvent à près d'un milliard. Afin de donner une idée générale de l'importance de la production de la soie dans le monde et des produits auxquels elle donne lieu,

(1) Le système métrique étant en usage dans la plupart des contrées où ont été puisés nos renseignements, et ce système tendant à se propager chaque jour davantage, surtout depuis la *conférence internationale* de Paris, nous avons cru devoir conserver pour tous les chiffres que nous citons, le franc comme unité monétaire, et le kilogramme comme unité de poids.

nous croyons devoir reproduire quelques chiffres qui ont été mis en avant à la suite des Expositions internationales précédentes par les staticiens les plus compétents.

STATISTIQUE DE LA SOIE

TABLEAU DE LA PRODUCTION DE LA SOIE DANS L'UNIVERS.

Asie	Fr.	705,000,000
Europe		367,400,000
Afrique		1,100,000
Océanie		600,000
Amérique		400,000
TOTAL	Fr.	1,074,500,000

Cette somme paraît devoir être répartie de la manière suivante :

L'empire chinois	Fr.	406,000,000
Le Japon		85,000,000
La Perse		25,000,000
Principales îles de l'Asie Mineure		26,000,000
Syrie		9,000,000
Turkestan indépendant		7,000,000
Turkestan chinois		2,000,000
Archipel de Corée		500,000
France		128,000,000
Italie		196,000,000
Turquie d'Europe		35,000,000
Espagne et Portugal		16,000,000
États de l'Église		6,500,000
Grèce, îles Ioniennes		4,200,000
A reporter	Fr.	946,200,000

Report ..... Fr.	946,200,000
Maroc, Alger, Tunis, côtes Méditerranée ...	1,500,000
Bassin du Danube, Autriche, Bavière, Hongrie, Servie et les principautés	6,400,000
Indes en deçà et au delà du Gange	120,000,000
États-Unis	400,000
Total égal ..... Fr.	1,074,500,000

OBSERVATIONS CONCERNANT LA FLUCTUATION DANS LA PRODUCTION ET LES PRIX DES SOIES.

Ces chiffres approximatifs se sont considérablement amoindris dans ces dernières années en ce qui concerne les productions européennes. Le vide qui s'est produit là s'est comblé par les arrivages de la Chine, de l'Inde, du Japon et du Levant. Où en seraient les pays industriels de l'Europe en présence de la crise séricicole si le transport maritime ne permettait d'aller chercher les matières premières de l'extrême Orient? Et quel profit les contrées de l'Asie ne tirent-elles pas de ce rapprochement malgré le bas prix relatif auquel elles peuvent fournir leurs soies? Elles étaient loin de pouvoir espérer des prix aussi élevés, il n'y a pas un quart de siècle encore. Et ce n'est pas tout pour l'intérêt de ces nations éloignées; leur communication avec l'Occident déterminera évidemment des progrès chez les moins avancées, elle leur apprendra à perfectionner leurs produits et à es préparer de manière à en tirer toute la valeur que comporte l'excellence de leur nature. Mais ces soies exotiques sont loin d'être aussi estimées et de valoir celles de l'Europe. Ici nous devons naturellement placer

une remarque dont on comprendra l'importance pour
les pays qui, comme l'Amérique du Nord, doivent chercher à s'approprier une industrie aussi précieuse que
celle de la soie. Nous voulons parler des modifications
des valeurs relatives subies par les soies depuis un
siècle; à cette époque, presque toutes les soies, les cinq
sixièmes environ, transformées par les fabriques françaises venaient de l'étranger, du Levant, de la Perse, de
la Sicile, de l'Italie et de l'Espagne. Le dernier sixième
seulement était produit dans le midi de la France. Le
prix moyen de la soie française était de 15 francs la
livre ou 30 francs le kilogramme. Les soies exotiques
se payaient un prix beaucoup plus élevé. La soie grége
la plus commune de l'étranger, celle de la Grèce, se
vendait alors 120 francs le kilogramme, les soies de Chine
et de l'Inde 240 francs, et celles d'Italie valaient de 5 à
600 francs (1).

Mais peu à peu les soies françaises s'améliorèrent à
tel point que, dans les premières années de ce siècle,
leur prix s'éleva à 70 francs le kilogramme. Elles se
soutinrent à peu près invariablement à ce taux jusqu'en
1840, tandis que les mêmes produits de l'étranger furent dépréciés au point que les plus estimés du Levant
et de Perse se vendaient 40 francs, ceux de Brousse
32 francs; l'Italie, tout en conservant l'élévation des prix
à cause de la qualité de ses soies, fut cependant dépassée par les soies françaises, qui montèrent du dernier
au premier rang, qu'elles conservent encore. Les gréges,
qualité exceptionnelle de France, ont atteint dans les

(1) Ces prix sont ceux publiés dans les tarifs du marché d'Amsterdam,
où arrivait alors la plus grande partie des soies étrangères.

derniers temps 150 francs, tandis que les premières qualités de l'Italie coûtaient à peine 100 francs. Ce sont là des résultats dus tout entiers aux progrès manufacturiers de la France et qui ont contribué pour une large part au développement extraordinaire auquel est arrivé l'industrie des soieries dans ce pays. L'industrie de la soie a donné à la France dans cette spécialité l'importance que le travail du coton a valu à l'Angleterre, ainsi que le démontrent les chiffres que nous allons indiquer au chapitre suivant.

DÉVELOPPEMENTS PROGRESSIFS DE L'INDUSTRIE DES SOIERIES EN FRANCE.

Vers la fin du dernier siècle, la France consommait environ 500,000 kilogrammes de fil de soie, dont elle fabriquait pour 15 à 20 millions de tissus. Elle en achetait pour environ 7 millions au dehors. La masse des étoffes s'élevait par conséquent de 22 à 27 millions, sur lesquels le commerce français vendait pour 12 millions environ à l'étranger.

Vingt ans après, vers 1820, les manufactures françaises transformaient pour 50 millions de francs de matières, dont la moitié indigène fournie par ses départements méridionaux. Les étoffes provenant de ces fils représentaient alors une valeur de plus de 100 millions de francs, sur lesquels la consommation intérieure avait une part de 70 millions et l'exportation 30 environ. Après une nouvelle période trentenaire, en 1850, la fabrication française avait atteint un chiffre de 375 millions de francs, avec 250 millions de matières premières, dont 140 millions indigènes. En 1860, c'est à 700 millions que s'élève la valeur des soieries françaises, et encore cette quantité est-elle insuffisante ; il faut y ajouter près de 200 millions d'articles achetés au-dehors. Sur cette masse annuelle de près d'un milliard, le commerce français revend à l'étranger annuellement pour 550 millions. Ce chiffre, qui allait en grandissant, a diminué à la suite de la crise des États-Unis. Ce pays restreignit ses achats de soieries dans une proportion notable. Dans l'année qui avait précédé la guerre civile, l'Amérique avait acheté pour 40 millions de tissus de soie à la France seulement ; dans l'année suivante, ses achats se sont élevés à 10 millions à peine.

Quoique la rébellion ait disparu, les mesures fiscales qui en ont été la conséquence influent encore sur l'industrie séricicole de la France ; elles concordent avec la rareté des soies indigènes, la maladie des vers à soie étant loin d'avoir disparu.

INDUSTRIE DES SOIES EN ANGLETERRE ET AUTRES CONTRÉES DE L'EUROPE.

L'Angleterre ne transforme guère dans ses fabriques que la moitié de la quantité de fils de soie consommée dans les usines françaises ; mais, comme nous l'avons déjà dit, elle fait un commerce considérable de la matière première. Elle importe chez elle pour près de 11 millions sterling de soies brutes, sur lesquelles ses manufactures retiennent seulement un peu plus de la moitié (1). Après l'Angleterre, viennent dans

(1) Depuis le traité de commerce entre la France et l'Angleterre l'emploi de la soie ouvrée a diminué considérablement.

l'ordre de leur importance : la Suisse, la Prusse, l'Autriche, l'Italie, l'Espagne, etc. La France a surtout une grande supériorité dans tous les articles riches et en quelque sorte artistiques. Mais dans les tissus unis ou de qualités secondaires, elle trouve des rivales sérieuses dans les industries allemande et suisse. Ce dernier pays est surtout remarquable par son activité, ses progrès constants et les améliorations apportées à son matériel, dont nous parlons plus loin. Nous nous livrerons avec d'autant plus de soin à l'examen des perfectionnements que la Suisse a apportés à l'Exposition, qu'il y a une grande analogie entre la situation et le génie industriel de cette contrée et la situation sociale, manufacturière et les ressources de la nation américaine.

SPÉCIALITÉS EMBRASSÉES PAR L'INDUSTRIE DE LA SOIE A L'EXPOSITION ET DANS LA PRATIQUE.

Le travail des soieries comprend sept branches distinctes, formant autant d'industries différentes, lors même qu'un seul manufacturier en réalise plusieurs dans un même établissement.

Ces spécialités sont :

1° L'élève ou l'éducation des vers à soie, nommé en France l'art du *magnanier*. (Ce mot vient de *magnan*, nom donné à la chenille du mûrier blanc dans le midi de la France.)

De là l'appellation de *Magnanerie* donnée au local où l'on fait éclore, où l'on nourrit et soigne les vers depuis leur naissance jusqu'à ce qu'ils aient formé leur enveloppe soyeuse ou *cocon*. Les magnaneries sont généralement établies dans les contrées où l'on peut cultiver le mûrier à fruits blancs, dont le ver est tout particulièrement friand et dans celles où la température est régulière et modérée. Cependant cette dernière condition n'est pas indispensable, elle est remplacée artificiellement par des moyens spéciaux de chauffage et de ventilation, afin qu'on reste maître à volonté de maintenir constamment la température entre 22° et 24° centigrades, et de pouvoir élever les nombreuses petites chenilles (une once ou 30 grammes en contient jusqu'à 40,000 et on en fait éclore parfois 20 onces ou 600,000 dans le même local). Ce n'est qu'en chassant l'air vicié et en le remplaçant par un air pur qu'on parvient à ce résultat.

L'art du magnanier comprend ce qu'on nomme la *fabrication de la graine*, ou plus exactement des œufs devant servir à la reproduction. Les cocons destinés à cette fonction sont les seuls où on laisse les chrysalides ou nymphes se transformer en papillons. Ceux-ci mouillent alors l'une des extrémités allongées de leur cocon, l'ouvrent et en sortent. On les réunit par paires, mâle et femelle, pour permettre la fécondation avant la ponte des œufs. Ceux-ci, fécondés et pondus sur des toiles, sont ensuite mis de côté jusqu'au printemps suivant dans une atmosphère à température constante et assez basse, telle que celle des caves. Cette partie de l'art du magnanier, si simple en apparence, demande des connaissances spéciales et des soins particuliers, surtout en ce moment où il est si difficile de se procurer des œufs à l'abri de l'épidémie qui sévit d'une manière terrible contre les vers.

2° La seconde spécialité de l'industrie de la soie consiste *dans la production du fil grége* par le ramollissement à l'eau chaude des couches soyeuses du cocon; ces couches, convenablement préparées, se laissent alors transformer en écheveaux par des moyens spéciaux qui constituent le *filage de la soie grège*, composé des fils élémentaires d'un certain nombre de cocons. La grége donne le produit industriel le plus fin; c'est un fil plat non tordu et chargé d'une proportion de 25 à 26 0/0 de matière étrangère.

3° Le *moulinage*. On nomme ainsi l'apprêt des fils dans le but de les tordre, après les avoir assemblés pour leur donner une résistance suffisante afin de pouvoir les dégommer par une cuisson dans de l'eau de savon bouillante, et de leur donner des apparences spéciales. C'est au moulinage que sont formés les fils qui figurent à l'Exposition et dans le commerce sous les noms de *poils*, de *trames*, d'*organsins*, de *marabouts*, de *grenadines*, de *crêpe*, de *soie ondée*, etc. Disons un mot pour expliquer la valeur de chacune de ces dénominations. Le *poil* n'est autre chose qu'une grége tordue. La *trame* est obtenue par la réunion de deux gréges faiblement tordues. L'*organsin*, dont sont faites les chaînes en général, est le résultat de deux poils tordus ensemble. Le *marabout* est un organsin très-tordu. Si au lieu d'imprimer les torsions 1° des poils, 2° de l'organsin, dans une même direction, le sens de la torsion est changé, on a de la *grenadine*. Les crêpes sont de grosses gréges tordues. La *soie ondée* résulte de la torsion simultanée d'un gros poil et d'une grége simple, tordus en sens opposé de la direction de la torsion du poil. Il s'ensuit que dans la seconde torsion le poil s'allonge et la grège se raccourcit, et de là un effet spécial. On connaît encore les soies *floches*, *perlées*, *mi-perlées*, les *cordonnets*, etc., qui

2

ne diffèrent entre elles que par des degrés divers de torsion parfaitement saisissables, si l'on examine les produits avec soin.

Mais un produit d'une constitution particulière, souvent employé dans la fabrication de la passementerie surtout, est le fil guipé. Il se compose d'un ou plusieurs fils droits, autour duquel vient s'enrouler en spirale un autre fil. Ordinairement la matière intérieure est commune, et le fil recouvrant est en soie, en or ou en argent.

4º *Filature de la bourre*. Les transformations précédentes donnent une certaine quantité de déchets variables avec la nature des opérations et les qualités des produits ; ces déchets sont à leur tour transformés à l'état brut, après avoir été dégommés par des moyens chimiques et un matériel industriel, qui présentent une grande analogie avec la manipulation et l'outillage des filatures de coton, et surtout de la laine peignée. Ces matières forment aujourd'hui la base de grandes industries qui s'exercent en Angleterre et sur le continent ; les produits sont des fils variant de 20 à 60 francs le kilogramme, suivant leur finesse et leur qualité. Des ndustriels américains s'occupent sérieusement de créer et de développer cette industrie.

5º *La teinture et les apprêts des fils*, qui constituent une grande spécialité.

6º Enfin, *le tissage*. Il embrasse à lui seul plusieurs branches ; le tissage des soieries unies et rases, le tissage du velours, des étoffes façonnées plus ou moins riches, le tricotage des articles pour bonneterie, et la fabrication de la blonde ou dentelle de soie.

EXAMEN DE LA SITUATION DE CHACUNE DE CES SPÉCIALITÉS
ET DE SES PROGRÈS MANIFESTÉS A L'EXPOSITION.

Dans l'art de la magnanerie, la grande question du moment consiste dans les moyens de faire de la graine. La bonne graine est à des prix exorbitants, elle vaut en moyenne 300 francs le kilogramme. Et encore ne peut-on s'en procurer, offrant quelques garanties contre la maladie, qu'au Japon. Les républiques de l'Équateur paraissent jouir jusqu'ici de la même immunité. Au commencement de l'épidémie régnante, vers 1846, d'autres contrées avaient le privilége de fournir des œufs sains. Mais leur pureté s'altérait dès la seconde ou la troisième génération ; c'est ainsi qu'on a été successivement amené à mettre tous les pays séricicoles à contribution. Les œufs du Japon et de l'Amérique du Sud, en ce moment si recherchés, échapperont-ils à cette dégénérescence dont nul, malgré les nombreuses recherches, ne connaît encore les causes? Mais si les causes restent cachées, les moyens préventifs commencent à être assez nettement établis. Nous pensons qu'on lira avec intérêt, dans les contrées qui désirent s'adonner à l'élève des vers, les moyens suivants, généralement admis et recommandés par les hommes spéciaux les plus compétents.

1° Il est de la plus grande importance de choisir pour la reproduction les cocons les plus parfaits des chambrées les mieux réussies et les moins affectées de la maladie pendant le cours de l'éducation. Ces cocons se reconnaissent à la régularité de la forme arrondie des deux extrémités dans le sens de leur longueur, à la finesse du grain de la surface, à la solidité et à l'épaisseur des couches ou enveloppe soyeuse. Les cocons mâles diffèrent des femelles par leur volume et leur forme. Les premiers sont moins volumineux que les seconds et offrent une concavité sur leur longueur; les seconds, plus gros, sont au contraire renflés: ils affectent la figure d'une grosse olive ou d'un œuf d'oiseau. La couleur de ces cocons doit être d'un jaune doré après la récolte et n'offrir aucune tache ni trace de souillure. Dans une même race, ce sont en général les cocons les plus lourds qui offrent le plus de chances de fournir les meilleures reproductions. Donc, après avoir mis de côté une certaine quantité de cocons mâles d'une part et femelles de l'autre, on pèse toute la partie pour faire la moyenne du poids de chacun, et toutes les fois que cette moyenne est dépassée on a des présomptions d'avoir un beau cocon pour la reproduction, toutes choses égales d'ailleurs. Il est cependant nécessaire de faire remarquer qu'une partie de cocons en contient parfois de démesurément gros, qu'il ne faut pas confondre avec les cocons normaux. Ces cocons, d'un volume exceptionnel, sont en général le résultat de deux chenilles réunies pour travailler à la même enveloppe; leur produit est connu sous le nom de *doubles* ou *douppions*. Ces sortes de produits sont toujours inférieurs, tant parce que les couches sont presque indévidables que parce que l'association dans le travail indique une faiblesse du sujet. Malgré tous les soins apportés par les magnaniers pour éviter la production des doubles et parfois des triples, on en compte moyennement une proportion de 10 0/0, dont la valeur est à peine un tiers du prix des produits normaux.

On voit figurer à l'Exposition un appareil imaginé par un sériciculteur italien, dans le but de faire disparaître les douppions dans l'élève des vers. L'appareil consiste dans une disposition de cellules faites en bois très-léger dont chacune n'a que le volume nécessaire à une seule chenille. Lorsque celles-ci sont à leur entier développement prêtes à filer leurs cocons, au lieu de disposer de la bruyère, du bouleau ou autres espèces de points d'appui contre lesquels les vers doivent filer, on leur présente ces espèces d'alvéoles où chaque insecte à sa case, ce qui empêche deux ou un plus grand nombre de se réunir pour faire un produit défectueux. L'exposant italien a donc eu l'idée d'appliquer le système isolant ou cellulaire à l'éducation des vers à soie.

Le système présente d'ailleurs, selon l'auteur, des avantages par la facilité qu'il offre dans le choix des meilleurs reproducteurs et pour éviter les accouplements entre les chenilles d'une même famille, la consanguinité ayant été considérée comme une cause de rapide abâtardissement de la race.

Une fois l'accouplement réalisé, on sépare les femelles et on les fait pondre chacune dans la cellule qui lui était réservée, de façon à pouvoir peser isolément les œufs de chaque ponte ; ce poids ne doit pas être inférieur à une certaine proportion, car les œufs seraient alors évidemment mauvais. Pour qu'ils offrent de bonnes chances, il faut que chaque ponte représente au moins 60 à 70 grammes par kilogramme de cocons. Chaque gramme contient de 1,350 à 1,500 œufs en moyenne.

ÉTAT DE LA MALADIE ET REMÈDES PROPOSÉS.

Depuis vingt ans que la maladie sévit contre les vers, on a fait les recherches et les études les plus minutieuses sur ses causes. Les uns ont voulu l'attribuer à la maladie du végétal, du mûrier ; d'autres l'ont assimilé à une espèce de choléra asiatique, ou d'épidémie analogue à l'épizootie, dont l'Angleterre et l'Allemagne ont tant eu à souffrir dans ces dernières années ; d'autres encore ont prétendu qu'on s'était peu à peu éloigné des saines traditions inévitables à observer dans l'élève de petits insectes aussi délicats. Le magnanier s'apercevant qu'il pouvait abréger la durée d'une éducation en élevant la température de la magnanerie, a poussé aux éducations hâtives mais malsaines, et de là des accidents nombreux, parce qu'en élevant la température on forçait le régime alimentaire et on déterminait des accidents dans l'économie animale. Ces diverses causes plus ou moins vagues et indéterminées peuvent avoir concouru au développement de l'épidémie. Cependant la maladie du mûrier est peu admissible, attendu qu'il a été démontré que des vers de diverses provenances, nourris par les feuilles du même arbre, subissaient un sort différent ; les uns réussissaient et les autres étaient atteints par la maladie et succombaient : donc la nourriture était innocente.

Dans l'impuissance où l'on s'est trouvé de déterminer la cause de la maladie, on a du moins recherché les caractères et le siége du mal, afin de pouvoir, *à priori*, rejeter les êtres infectés. Un savant français, M. Pasteur, a démontré par de longues et patientes recherches que es chenilles ou les papillons qui ont le germe de la maladie présentent des traces de *corpuscules*, assez faciles à constater au microscope, et que toutes les fois que la graine provient d'êtres qui sont affectés de ces corpuscules, leurs œufs sont impropres à de bons résultats et doivent être rejetés. Il a été encore démontré que les chenilles, les chrysalides et les papillons provenant de la race japonaise ou de la République de l'Équateur sont jusqu'ici à l'abri de toute trace de corpuscules et de toute maladie.

Des éducateurs pratiques du midi de la France ont de leur côté fait d'autres essais très-intéressants, desquels il résulte que les vers éclos et élevés dans des étables ou des bergeries venaient généralement à bien. Des expériences comparatives prouvent que la même partie de graines divisée en deux donnait des produits de bonne qualité et en quantité convenable, pour la moitié élevée dans l'atmosphère d'une écurie, tandis que les chenilles de l'autre partie, élevées dans les conditions ordinaires, périssaient en général. Ces essais répétés paraissent démontrer que la nature si grave de l'affection peut être modifiée par l'alcalinité de l'atmosphère qui se présente d'une façon si prononcée dans les conditions dont nous venons de parler. C'est une espèce de traitement analogue à celui des eaux et des sels de Vichy ou autres sources thermales.

ÉLÉMENTS ET PRIX DE REVIENT D'UNE ÉDUCATION DE

VERS A SOIE.

L'industrie qui a la production des cocons en vue se compose d'éléments si spéciaux et si différents de ceux des manufactures en général, que nous croyons devoir donner quelques détails sur ce sujet moitié agricole et moitié manufacturier.

La base du travail d'une magnanerie s'établit, en général, sur la proportion de feuilles de mûrier consommées. Les feuilles constituent ici la matière première.

Voici donc quelques chiffres se rapportant à des localités où la population est relativement condensée, telles que le midi de la France et le nord de l'Italie, principaux centres européens de l'élève du mûrier :

Un hectare de terrain planté de 2,500 mûriers pent donner annuellement en moyenne 5,000 kilogrammes de feuilles. Les frais de toutes sortes pour la culture de cette quantité peuvent s'élever à 350 francs par an.

Donc les 1,000 kilogrammes reviennent à 70 francs.

Les 1,000 kilogrammes de feuilles peuvent donner une quantité variable de cocons : dans les années normales, elle peut s'élever jusqu'à 60 kilogrammes. Prenons les 1,000 kilogrammes de feuilles pour unité, les dépenses moyennes pour nourrir les vers provenant de 30 grammes d'œufs sont les suivantes :

30 grammes d'œufs, à un prix très-variable, soit au maximum . . . . Fr.	15
1,000 kilogrammes de feuilles.	70
Main-d'œuvre ; deux personnes pendant 40 jours, à la campagne.	160
Chauffage et éclairage	10
Rameaux et frais divers	5
Ensemble. . . . . Fr.	260

. Les cocons frais valent maintenant au moins 8 francs le kilogramme ; il suffirait d'en récolter 32 kilogrammes par 1,000 kilogrammes de feuilles pour rentrer dans les débours, et si la récolte donnait, comme cela arrive dans les conditions normales, 50 kilogrammes seulement, ce serait un bénéfice de $50 \times 8 = 400$ francs, et, si l'on exploite sur une base d'un hectare de terrain seulement, ce serait un bénéfice de $400 \times 5 = 2,000$ francs en six semaines. Il y avait des magnaneries en France qui, avant l'épidémie, produisaient jusqu'à 1,000 kilogrammes de cocons par saison.

OUTILLAGE POUR TRANSFORMER LES COCONS EN SOIE GRÉGE.

La France et l'Italie sont les seules contrées industrielles qui aient exposé les appareils nécessaires à transformer les cocons en fils de soie ; ces contrées sont, de toute l'Europe, les plus avancées dans cette spécialité. L'industrie de l'Espagne, de la Grèce, du Levant et de la Russie imite autant que possible les moyens mis en usage par la France et l'Italie : ces pays n'ont pu cependant rivaliser de perfection avec leurs voisins. Quant aux Orientaux, ils perdent une partie des avantages que leur donnent leurs climats privilégiés sous le rapport de la production des soies par l'insuffisance de soins et d'habileté dans les détails.

L'outillage proprement dit pour transformer les cocons est d'ailleurs des plus simples dans tous les pays du monde. Il se compose principalement d'une bassine ou vase et d'un dévidoir. La bassine est destinée à recevoir les cocons et de l'eau chaude pour amollir leur enveloppe soyeuse, de manière à pouvoir mettre en liberté les fils formant les couches soyeuses superposées. L'adhérence d'un certain nombre de fils simples (5 ou 6) forme le fil élémentaire de la pratique connu sous le nom de *grége* ou fil recouvert encore de son vernis, ou corps étranger. L'*asple* ou dévidoir doué d'un mouvement de rotation détermine le dévidage ou *tirage* des cocons, facilité par le dégommage ou ramollissement des parties adhérentes de ces petites pelotes naturelles de soie. L'ensemble de ces moyens primitifs constituent le *tour à filer la soie*. Dans les usines on réunit un certain nombre de ces tours les uns à côté des autres, l'impulsion leur est donnée simultanément par un moteur unique. Leur assemblage est tel qu'on peut à volonté arrêter l'un quelconque de ces appareils pendant que les autres continuent à marcher. La disposition est, par conséquent, celle de dévidoirs automatiques quelconques. Seulement ici, en regard de chaque asple, se trouve une bassine, et entre celle-ci et le dévidoir une femme chargée du travail.

Le travail de l'ouvrière consiste : 1° dans l'immersion des cocons dans l'eau chaude jusqu'à ce que les couches soyeuses soient suffisamment ramollies ; 2° dans l'enlevage avec une espèce de brosse ou balai des premières couches jusqu'à ce qu'on ait atteint le fil pur et net ; 3° dans la réunion, par une pression et un tordage, d'un nombre de fils de cocon en rapport avec le titre de la soie grége à produire. La grége, ainsi formée par la réunion d'un plus ou moins grand nombre de cocons, est passée dans un orifice ou filière, d'où elle se rend sur le dévidoir dont le mouvement de rotation détermine le développement des fils des cocons qui restent immergés à la surface de l'eau de la bassine. A mesure que les cocons se dévident, la fileuse a le soin d'en ajouter un nouveau à ceux en travail, tant pour alimenter le fil que pour maintenir la régularité de son titre. Les brins élémentaires des cocons étant coniques depuis le commencement jusqu'à la fin du dévidage de chacun d'eux, la grége aurait elle-même des grosseurs irrégulières si l'ouvrière ne menait son travail de façon à réunir la partie la plus forte, c'est-à-dire le commencement du fil d'un cocon neuf à ceux qui sont près de s'épuiser. Le fil sortant mouillé ou humide et gommeux de la bassine adhérerait et collerait dans l'écheveau si l'on n'avait songé à des moyens pour empêcher cet inconvénient. Le préservatif consiste d'abord à observer une certaine distance entre la bassine et le dévidoir pour permettre un séchage partiel, ensuite dans un guide-fil, tel que le transport a lieu par un mouvement lent en zig zag, qui empêche le fil de se superposer et de se croiser au même point à chaque tour, ce qui déterminerait l'adhérence.

Cette analyse succincte des conditions qui constituent ce travail original peut faire apprécier tout ce que la réussite offre de délicat, et l'habileté qu'il faut à la fileuse pour arriver à des résultats parfaits aussi avantageusement que possible. Quelques observations feront comprendre les difficultés du problème.

Le degré de préparation doit varier avec la dureté des couches soyeuses, variant elles-mêmes avec l'âge, la race et la provenance des cocons. Trop préparés, il en résulte qu'on enlèverait avec les premières couches plus de matière soyeuse qu'il ne faut, et comme cette matière enlevée n'est que de la bourre, elle a une valeur bien inférieure à la belle soie. Les cocons sont-ils au contraire insuffisamment préparés, ils présentent une résistance qui fait casser les fils, nécessite de les reprendre pour rechercher de nouveau le bout, ce qui occasionne une source nouvelle de déchets. L'ouvrière doit avoir une grande habileté pour souder un fil nouveau au fil en travail, afin de le faire au moment le plus opportun pour assurer la régularité du produit, et pour que la trace de ces deux attaches successives soit insensible à l'œil ; ne forme ni grosseur, ni boucle, ni pointe. La réunion de ces conditions d'exécution ne produit d'ailleurs l'effet voulu que si le tour marche avec une vitesse d'au moins 500 mètres à la minute ; sans quoi le fil de l'écheveau, au lieu d'être lisse et brillant, serait terne et noirâtre, une marche trop lente ne redressant pas assez le fil, très-énergiquement vrillé par sa position contournée et fixée sous forme de **8** dans les couches du cocon. Ce sont ces ondulations qui donneraient l'apparence terne, tandis que le développement du fil en ligne droite permet la réflexion de la lumière dans des conditions parfaites, et détermine le brillant de la belle soie.

Nous ne sommes entrés un peu longuement dans ces quelques détails que pour faire saisir les côtés difficiles d'une question d'une si grande simplicité en apparence, et pour faire comprendre comment la perfection de ce travail reste concentrée entre les mains de quelques populations, et pourquoi le travail automatique n'a pu y apporter jusqu'ici les modifications profondes dont les autres industries textiles ont été l'objet.

Mais si la transformation des cocons en soie grége a

dû se localiser, il n'en est plus de même des spécialités industrielles qui la suivent à partir du moulinage pratiqué immédiatement après le filage de la soie. Aussi presque toutes les nations européennes sont-elles représentées à l'Exposition par le matériel employé au travail de la soierie une fois qu'il ne s'agit plus que des diverses transformations du fil grége. Jetons par conséquent un coup d'œil sur les machines de ce genre; mais arrêtons-nous auparavant sur des appareils particuliers imaginés en vue du travail de la soie et qui sont peut-être les plus remarquables de l'Exposition : nous voulons parler des appareils qui permettent de trier et de parer les soies mal filées. Comme ce sujet peut intéresser tout particulièrement les industriels de l'Amérique, nous pensons pouvoir entrer dans quelques détails.

La soie de première qualité coûtant aussi cher que l'argent (1), ne doit être employée que dans les meilleures conditions imaginables et aussi parfaites que possible, surtout lorsqu'il s'agit d'en faire des produits comme ceux si admirés à l'Exposition, et entre autres comme les soieries artistiques de Lyon.

On a imaginé à cet effet divers moyens pour s'assurer du titre du fil de soie, s'il est pur, s'il a le degré de solidité et de ténacité voulu, et on s'est surtout ingénié à construire des appareils pour rectifier, trier et redresser les soies irrégulières de titres. Nous ne pouvons passer sous silence les divers appareils exposés.

---

(1) Malgré cette élévation de prix et la crise séricicole, la soie vaut beaucoup moins que du temps des Romains. Lorsque l'empereur Aurélien refusait une robe à l'impératrice, la soie se vendait au même prix que l'or.

APPAREILS A TITRER, A TRIER ET A ESSAYER LES QUALITÉS ET PROPRIÉTÉS DES SOIES.

Le fil de soie étant produit, il a plus besoin encore d'être titré que les fils des autres substances. On sait en effet que le titrage a pour but de déterminer le rapport de l'unité de poids à l'unité de longueur. Pour la soie, l'unité de poids est encore généralement le *denier* ou fraction de l'ancienne livre de Montpellier, et ce denier équivaut à $0^{gr},053$.

L'unité de longueur est 400 aunes représentant 475 mètres ; ainsi, lorsqu'on dit de la soie à 5/6 deniers, c'est du fil dont 475 mètres de longueur pèsent de 5 à 6 deniers. On tend à modifier ce titrage et à substituer l'unité de 500 mètres aux 475 mètres, et le milligramme au denier, afin de faire rentrer le titrage dans le système métrique. Nous disons que la vérification du titre de la soie est plus nécessaire que celle des autres matières, parce que par la manière dont la soie est produite, on est moins sûr d'arriver à la régularité que par le procédé du filage automatique pratiqué pour transformer le coton, la laine, etc. De plus la soie, par sa nature et son prix, étant destinée aux produits les plus chers, les matières employées doivent être d'autant plus parfaites.

Le mode de titrage généralement usité en tous temps consiste dans le dévidage d'une longueur déterminée et la détermination du poids de cette longueur ; moins elle pèsera et plus la soie sera fine. Il est évident que si 500 mètres pèsent 1 milligramme, par exemple, elle sera moitié plus fine que si elle pesait 2 milligrammes, en supposant toutefois que le degré hygrométrique et thermométrique ne change pas pendant les épreuves, attendu que la soie étant hygrométrique la même unité de longueur pèsera plus si elle contient de l'humidité que si elle était parfaitement sèche. Les établissements publics pour *conditionner* la soie ont précisément pour but de déterminer d'une manière précise l'état réel de la soie, son degré d'humidité, et le poids absolu de cette même matière comme si elle était complétement sèche. On sait que des établissements de ce genre fonctionnent dans les principaux centres manufacturiers du commerce de la soie et de la laine. Ils sont en activité dans l'intérêt de la loyauté des transactions, et opèrent en général sous la direction des chambres de commerce. Ces moyens de contrôle offrent une grande sécurité aux affaires. Mais malheureusement ils ne peuvent rien pour la constatation de la régularité des fils. Le titrage ne donne en effet que le rapport entre le poids et la longueur, mais n'indique rien sur l'homogénéité du fil. Chaque longueur déterminée d'un écheveau peut bien avoir des poids identiques sans que le fil soit régulier. En effet, si l'écheveau de 10,000 mètres présente un titre égal pour chaque 1,000 mètres, cela ne démontre pas que sur cette longueur il n'y ait alternativement des parties grosses et fines qui se compensent sur la totalité de la longueur. C'est en effet ce qui arrive d'autant plus fréquemment que les soies sont moins bien travaillées. Les bas prix relatifs des soies de Chine, du Japon, de l'Inde, du Levant n'ont d'autres motifs que ces irrégularités des fils. Aussi cherche-t-on avec beaucoup de persistance les moyens de les rectifier

ultérieurement par des dévidages où l'œil cherche à se
1endre compte des défectuosités qu'on enlève à la main;
mais c'est là une opération lente, coûteuse et rien moins
que sûre. L'exposition suisse renferme un appareil automatique qui arrive beaucoup plus efficacement et plus
économiquement au résultat cherché.

APPAREIL TRIEUR DE SOIES PAR G. HONNEGGER, DE SUISSE.

Cette machine reçoit d'une part une série d'écheveaux
de soie, à chaque écheveau correspond un nombre de
bobines égal à celui des différentes grosseurs qu'on
suppose contenues dans l'écheveau. La solution du
problème consiste à réunir sur chaque bobine le fil de
même finesse. Supposons cinq bobines, depuis le nu-
méro 1 à 5, chacune d'elles recevra la partie du fil du
titre pour lequel on l'aura désignée. A cet effet, le fil
qui se rend de l'écheveau aux bobines est guidé automatiquement par un mécanisme jaugeur extrêmement
sensible, et disposé de façon à ce que la grége en passant
sant agisse sur un levier qui dirige la soie sur une bobine correspondante. La variation de grosseur du produit est le point de départ de la variation du levier
guide, destiné à diriger le fil sur la bobine qui lui est
assignée. Un coup d'œil sur le fonctionnement d'un
appareil semblable le fait mieux saisir que les plus
longues descriptions.

APPAREIL A ESSAYER LES FILS DU PROFESSEUR ALCAN.

Un appareil d'une utilité plus générale encore est celui exposé par le *professeur M. Alcan* dans la section française. C'est un instrument de précision fort simple, peu coûteux et d'une manœuvre très-facile. Il a pour but de constater la ténacité, l'élasticité des filaments et des fils, et de déterminer le degré de torsion le plus convenable à imprimer à un fil quelconque. Nous nous dispensons de décrire le mécanisme d'ailleurs peu compliqué de cet instrument, attendu qu'il l'a été en détail, avec ses applications, par l'auteur dans divers écrits très-populaires en France, notamment dans ses ouvrages sur les arts textiles, dont l'un a pour titre : *Traité du travail du coton*, et l'autre *Du travail des laines*. Ces ouvrages de *M. Alcan, professeur au Conservatoire impérial des Arts et Métiers de Paris*, se trouvent chez le libraire Baudry, de la même ville. Si nous mentionnons ces livres incidemment, c'est parce qu'ils sont presque les seuls qui embrassent ces grandes questions dans leur ensemble, qui donnent les plus grands renseignements sur la production de la matière première et sur les progrès industriels dans le monde entier, et qu'à ce titre l'Amérique y occupe une large place. Ces œuvres figurent également à l'Exposition à côté de l'appareil *expérimentateur phrosodynamique* à essayer les fils, et d'une machine nouvelle à préparer et à ouvrir les cocons avant l'égrenage.

Cet ingénieux professeur a fait comme on le voit une

étude spéciale des questions industrielles qui intéressent le plus nos contrées.

Nous revenons au sujet spécial qui fait l'objet de ce rapport, au travail des soies.

OUTILLAGE ET APPAREILS A MOULINER LES SOIES (1).

Les machines à mouliner la soie qui figurent à l'Exposition sont restées, quant au principe fondamental et aux dispositions générales, ce qu'elles étaient à l'origine de l'industrie automatique, mais elles ont été améliorées dans leurs détails et dans l'ensemble de leur exécution. Les constructeurs suisses ont surtout exposé un outillage remarquable sous ce rapport. L'assortiment tel qu'il est exposé et employé dans les usines les plus estimées se compose : 1º d'une série de *tavelles* à dévider, à purger, à égaliser les fils pendant leur dévidage, le tout automatiquement; 2º d'un métier à réunir et à doubler les fils, avec un mécanisme d'arrêt spontané de la machine, provoqué par la rupture des fils, lorsqu'un quelconque vient à casser, 3º d'une machine à imprimer un premier tors aux fils doublés dans une direction déterminée pour exécuter la trame; 4º une seconde machine à tordre, pour retordre ensemble deux fils déjà tordus isolément et constituer l'organsin.

(1) Le nom de moulinage provient de la disposition primitive adoptée par les organes chargés d'ouvrer ou tordre les fils de soie, et surtout du mode de transmission employé pour faire tourner simultanément un assez grand nombre de broches. Le mécanisme moteur primitif ressemble à celui d'un moulin quelconque.

Ces machines fort simples, plus simples que les métiers à filer ordinaires, ont cependant reçu des perfectionnements urgents. Ces améliorations portent surtout sur les moyens de détails, dans le but d'obtenir constamment des produits régulièrement tordus, c'est-à-dire travaillés dans des conditions telles, que chaque unité de longueur reçoive mathématiquement le même nombre de tours par les révolutions du fil. Or la réalisation de ce point n'était pas sans présenter quelques difficultés qui ont été complétement surmontées par les mécaniciens suisses et français, si nous en jugeons aussi bien par les machines que par les magnifiques fils exposés. Cette partie des constructions est d'autant plus avancée, que les machines à transformer la soie sont, de toutes les machines de ce genre, le meilleur marché; cela tient précisément à leur simplification.

On sait que le moulinage des fils de soie a plusieurs buts : 1° il leur donne une résistance suffisante pour pouvoir les faire bouillir dans l'eau de savon, afin de leur enlever la matière gommeuse, pour que la teinture se fasse mieux et avec plus d'éclat que si le fil était resté à l'état de grége sans torsion; le *décreusage* par l'ébullition dans l'eau savonneuse le désagrégerait et en ferait une espèce de bourre; 2° par le décreusage ou dégommage, la soie acquiert la souplesse précieuse des soies dites *cuites*, tandis que si elle conservait sa gomme, elle serait raide, *réche* comme les soies employées dans les baréges, par exemple ; 3° la torsion du moulinage a pour but de donner une certaine apparence spéciale aux fils qui détermine en partie ce qu'on nomme le *grain* de l'étoffe. Aussi lorsque ces fils sont destinés à des tissus brillants comme les satins, les deux torsions successives qui concourent à l'organsin sont combinées de façon à ce que la dernière, qui sera la plus apparente, soit la plus faible, pour ménager le brillant de l'étoffe. La combinaison est inverse s'il s'agit de faire des fils pour taffetas, gros grain, gros de naples, etc. Le travail du moulinage, par l'ensemble des conditions dont il exige la réalisation, nécessite par conséquent des connaissances qui en font un art spécial.

FILAGE ET MOULINAGE SIMULTANÉS.

On a souvent tenté et on cherche parfois encore à réunir en une seule opération industrielle le dévidage des cocons et le moulinage. Pendant longtemps la solution de ce problème, qui ne présente cependant pas de difficultés sérieuses, a été considérée comme la pierre philosophale de l'industrie sérigène. Malgré les quelques tentatives qui se poursuivent encore dans cette direction, ainsi que l'attestent certains mécanismes exposés par des Italiens et des Français, le problème n'offre aucun intérêt, on va le comprendre. Pour dévider les cocons et tordre les fils en même temps, la grége en sortant des bassines, au lieu de se rendre sur des dévidoirs par une simple direction, est enroulée autour de bobines douées d'un mouvement de rotation pour donner la torsion aux fils. Il suffit d'en diriger deux ensemble sur une bobine pour réaliser ainsi l'article trame. On supprime par conséquent les opérations intermédiaires, toutes condensées en une seule, et de là une économie apparente ; mais de fait, cette économie disparaît et le mode nouveau devient onéreux, parce que la production est considérablement réduite, et qu'elle exige un personnel bien plus nombreux. Quelques chiffres suffisent à le démontrer : pour produire la grége, la vitesse la plus convenable imprimée au tour est telle, qu'une ouvrière produit, au moins, une longueur de 500 mètres de fil à la minute. Lorsqu'on tord le fil en même temps et qu'on lui donne seulement 500 révolutions par mètre, comme dans la plupart des cas, en supposant 3,000 tours de vitesse aux broches, on ne pourra produire que 6 mètres au lieu de 500 à la minute. Il est vrai qu'une ouvrière pourra surveiller quatre fils au lieu d'un, malgré cela il faudra ici encore vingt fois plus de fileuses que lorsqu'il s'agit de produire la grége. Or, cette seule augmentation de dépense est bien plus considérable que l'économie réalisée par la suppression des opérations intermédiaires. Et encore est-ce là le moindre inconvénient; le plus grave consiste dans l'imperfection des résultats. La lenteur de la marche dans le filage et le moulinage simultanés ne permet pas de donner au fil un développement convenable ni une tension suffisante pour le dévriller entièrement : il en résulte l'aspect terne du produit dont nous avons déjà parlé. Enfin, par la réunion des diverses opérations, on est obligé de négliger les soins d'épuration et de purgeage pratiqués automatiquement et à la main dans le travail tel qu'il existe dans les moulinages soignés. Ainsi le prétendu progrès, si séduisant en apparence, exige une dépense bien plus considérable que celle des diverses opérations usitées, et ne peut donner que des produits inférieurs qui perdent une grande partie de leur valeur. Ces faits étaient à signaler afin que les pays nouveaux qui, comme l'Amérique, commencent à se livrer à cette belle industrie de la soie, fussent prévenus.

Cependant toute tentative nouvelle peut apporter ses résultats, et s'il est vrai que pour les beaux produits normaux le filage et le moulinage simultanés soient à rejeter, il est des cas où ils peuvent et commencent à être employés avec un certain succès : c'est lorsqu'il s'agit de produire des soies avec des cocons inférieurs difficiles à dévider, tels que les cocons doubles. En les filant directement, on ne peut en obtenir qu'une soie très-inférieure, susceptible tout au plus de servir à faire du cordonnet commun. Les mêmes cocons filés, doublés et tordus simultanément pour en faire directement certains produits destinés à la passementerie, n'ont pas besoin d'autant de surveillance que les belles soies ; une seule fileuse peut surveiller un nombre de bouts d'autant plus grand, que ces articles d'un gros titre ne cassent pour ainsi dire jamais. Il y a donc là deux motifs qui permettent l'emploi du système simultané avec avantage : 1° au lieu d'une grége très-imparfaite et à bas prix, on arrive à un cordonnet de passementerie d'une qualité suffisante et d'un prix relativement élevé ; 2° la dépense de la main-d'œuvre se trouve considérablement réduite par suite des caractères et de la destination du produit spécial qui permet à une personne de produire beaucoup plus que par le procédé ordinaire.

PRODUCTION ET UTILISATION DES DÉCHETS DE SOIE.

Les diverses transformations subies par la soie jusqu'ici et qu'elle doit supporter jusqu'à ce qu'elle arrive
à l'état d'étoffe occasionnent des déchets. Ces déchets
se présentent dans des états différents; ceux résultant
des opérations qui précèdent la torsion offrent des pa-
quets de filaments agrégés et non tordus; ils sont con-
nus sous le nom de *frisons*. Il y a des frisons de qualités
différentes, suivant la période de l'opération qui les
donne, ou selon qu'ils proviennent des cocons de graines ou percés. Dans ce cas, le déchet est plus particulièrement désigné sous le nom de *galette*, avec laquelle
on fait les soies dites *fantaisies*, *chapes*, etc. Les déchets
faits par les diverses manipulations à partir du dévidage
de la grége, dans le moulinage et les opérations du
tissage, sont généralement composés de bouts tordus
et désignés sous le nom de *bourre*.

Ces deux sortes de débris sont depuis longtemps uti-
lisés; ils sont divisés, épurés, décreusés, puis égalisés
par le coupage pour les soumettre à la filature comme
nous l'avons déjà dit; mais il est une autre sorte de
déchets de soie, longtemps abandonnée, que l'on com-
mence seulement à utiliser depuis la grande cherté des
soies, c'est celle des chiffons de cette matière. Les établissements de ce genre sont très-rares : il en existe un
seulement en Angleterre, un en France, et un troisième
s'élève en Amérique.

Il nous est impossible d'entrer dans les détails de la
filature des déchets en général; il faudrait pour cela

se servir de la description de l'une des filatures les plus compliquées. Nous devons nous borner à signaler certains progrès dont les fils de cette sorte ont été l'objet tant en France qu'en Suisse.

NOUVEAUX FILS DE BOURRE DE SOIE.

On voit figurer dans les vitrines des exposants de ces contrées des fils de bourre qui rivalisent par la beauté de leur apparence avec les plus belles soies, et dont le prix est à peine la moitié de celui des soies les plus estimées. Ces résultats sont obtenus par des soins de détails apportés à l'ensemble de la fabrication, dont toutes les opérations ont atteint une précision remarquable et sont exécutés conformément aux indications de la science, et par l'application de certains apprêts dans des conditions spéciales. Lorsque les fils ont été exécutés, épurés, bien peignés, parfaitement préparés et filés, on procède alors à leurs apprêts, nous allions dire à leur toilette, imaginée récemment. Cet apprêt consiste en principe dans l'application d'une couche mince de gélatine ou de colle de poisson tiède sur le fil tendu et en mouvement. Le séchage et l'assouplissage ou chevillage ultérieur finit par donner au produit le brillant particulier recherché et l'élasticité indispensable à ces sortes de produits.

Les soins de diverse nature apportés au travail des déchets ont été nécessités, disons-nous, par l'élévation des prix de cette matière. Naguère encore, il y a quelques années, les déchets des cocons qui se paient au-

jourd'hui 12 à 15 francs valaient de 4 à 5 francs le kilogramme. Ce fait seul suffit pour justifier les recherches
faites pour tirer parti des déchets de toutes provenances, depuis certaines balayures des filatures jetées au-
trefois sur le fumier jusqu'aux chiffons en soie qu'on
ne savait pas effilocher, et pour la désagrégation desquels on a imaginé les machines les plus ingénieuses
et les plus efficaces. Ces machines prennent les chiffons
à l'entrée et le rendent à la sortie en forme de filaments
soyeux classés par longueurs et finesses, propres à
être avantageusement soumis aux machines à décom-
poser mécaniquement les chiffons. Les inventeurs n'ont
pas exposé leurs machines par des motifs assez faciles
à comprendre, que nous pouvons d'ailleurs indiquer :
ils ont craint d'être imités par les pays où les inven-
tions ne sont point protégées par des brevets; la Suisse
est dans ce cas, et c'est surtout cette contrée où l'industrie aurait le plus d'avantages à s'approprier cette
sorte de machine.

TEINTURE ET SURCHARGE DES FILS.

Nous n'avons qu'un mot à dire de la teinture si
brillante et si extraordinairement avancée de la soie.
Aucune matière n'offre plus d'éclat sous ce rapport.

L'invention des couleurs d'anhiline provenant des ré-
sidus de la houille a principalement causé une révolution dans l'art de la teinture. Les matières tinctoriales
nouvelles ont permis d'obtenir des couleurs d'un éclat
inouï et des nuances d'une variété et d'une délicatesse

extrêmes. On pourrait presque dire, en présence des résultats obtenus dans cette direction, que rien n'est impossible, si, tout à côté des produits si admirablement réussis sous le rapport de la teinture, on n'en voyait laissant au contraire encore considérablement à désirer. Nous voulons parler des tentatives faites depuis longtemps pour métalliser, dorer et argenter les fils de soie. Les quelques spécimens de soie de ce genre exposés dénotent des procédés encore à l'état d'essais, ne fournissant jusqu'à présent aucun produit susceptible d'être avantageusement utilisé.

Une autre partie de la teinture est, au contraire, très et parfois trop avancée : nous voulons parler des moyens qui consistent à surcharger les soies de manière à leur faire gagner si l'on veut jusqu'à cent pour cent de leur poids (1) !

Ce procédé a une origine et quelquefois des applications loyales, mais il est parfois appliqué en vue de fraudes. Expliquons-nous : lorsque les fils et les tissus sont vendus à la longueur ou à la surface, les surcharges n'ont d'autre but que de donner une certaine apparence à la marchandise ; elles lui font acquérir plus de main, d'épaisseur, et ne jouent d'autre rôle que celui qui incombe souvent aux apprêts des étoffes en général, sans préjudice pour l'acheteur. Mais lorsque les fils et même les tissus sont vendus au poids, il y a alors une fraude des plus caractérisées par la charge. Elle ne tend à rien moins qu'à faire payer le prix de la soie pour une proportion considérable de corps étrangers qui n'ont pas de beaucoup sa valeur. Autant les

____

(1) Une surcharge aussi forte ne peut se pratiquer que dans le noir.

progrès précédents concernant le meilleur emploi de déchets sont à signaler et à recommander, autant ceux-ci sont au contraire à déplorer dans l'intérêt d'une bonne industrie.

TISSAGE DES ÉTOFFES UNIES, VELOUTÉES, FAÇONNÉES ET A MAILLES.

Nous avons remarqué à l'Exposition des soieries unies fabriquées en France, en Suisse et dans les États du nord de l'Allemagne, ne laissant vraiment rien à désirer. Ces résultats indiquent que si le travail automatique de la soierie unie n'est pas encore généralisé, celà tient à des causes spéciales de l'organisation des fabriques plutôt qu'à des difficultés dans l'exécution, car les pièces parfaites auxquelles nous faisons allusion sont exposées avec la mention spéciale que c'est par le tissage au moteur qu'elles ont été obtenues. Nous avons par conséquent examiné avec soin les métiers par lesquels on est arrivé à ce résultat. Des métiers de ce genre figuraient dans les sections anglaise, française et suisse ; chez ces deux dernières nations, on s'est appliqué à la construction dans le but spécial du travail de la soie, tandis que les métiers anglais, plus susceptibles d'être généralisés au tissage des matières quelconques, n'ont pas leur caractère aussi bien approprié au tissage de la soie, qui demande des soins et une préparation particulière. Aussi les machines suisses et françaises à faire les canettes pour la trame, les ourdissoirs destinés à disposer la chaîne et les appareils pour l'enlever et

la monter sur le métier, ainsi que ce dernier lui-même,
ont-ils une physionomie propre et distincte. Les
hommes compétents remarquent bien vite qu'il y a là
des changements qui, pour ne porter que sur des pro-
portions et des rapports entre divers organes généralement mis à profit dans tous les métiers de ce genre,
n'en sont pas moins des modifications sérieuses. Ces
changements sont surtout réalisés en vue de la mise à
profit de l'élasticité toute particulière de la soie, et d'obtenir la régularité que réclament les entrelacements des
fils dans la soierie, et aussi pour pouvoir mieux surveiller la netteté et la pureté du résultat.

A côté des machines et appareils que nous venons
de mentionner figure une machine française à polir
automatiquement les mêmes étoffes. Cette machine est
aussi ingénieuse qu'efficace ; elle remplace avec avantage le polissage à la main des mêmes articles n'agis-
sant qu'avec un petit polissoir et par parties seulement.
Toutes ces machines peuvent avoir un grand intérêt
pour l'industrie américaine. Il en est de même des métiers mécaniques à travailler le velours et les étoffes
veloutées, telles que les peluches pour chapeaux.

Ces métiers automatiques peuvent être rangés en
deux classes : les unes travaillent deux pièces à la
fois, et les autres n'en font qu'une ; l'un et l'autre système a sa destination et son emploi spécial. Le métier qui fait deux pièces en même temps est muni
de trois chaînes, superposées au-dessus les unes des
autres et convenablement distancées. La chaîne du
milieu est destiné à fournir le fil qui, par la coupe, forme
la surface veloutée des deux pièces; cette chaîne du
milieu, ou chaîne de poil, a donc une longueur beaucoup

plus grande que celle des deux autres. Elle est proportionnelle à la longueur de la pièce multipliée par la hauteur du duvet et par le nombre de boucles nécessaires à chacune d'elle. Les entrelacements au tissage de ces trois chaînes sont tels, qu'il se forme deux toiles entre lesquelles vient se boucler d'une façon particulière une certaine hauteur de fil de chaîne. Cette hauteur est exactement et automatiquement séparée en deux par son milieu, afin de fournir la surface veloutée à chaque pièce, qui se trouve ainsi séparée, puis enroulée sur un rouleau à part, à mesure que la section est opérée.

Divers articles en soie, et notamment les plus belles peluches pour la chapellerie, sont exécutées de cette façon. Ce système est, en effet, particulièrement propre aux articles unis dont le duvet, sans l'intervention des baguettes ou fers employés dans le tissage à la main, nécessite une certaine hauteur et ne peut être employé pour les étoffes façonnées et les velours ras. Ce travail automatique des velours ras et fins n'est encore parvenu qu'à tisser une pièce à la fois. L'opération a lieu par l'insertion des fers pour déterminer les boucles, qui restent fermées dans le travail du velours frisé ; on se borne alors à retirer le fer quand un certain nombre de boucles sont fixées par les entrelacements. S'agit-il au contraire de fabriquer du velours coupé, c'est par la section du sommet de chacune de ces boucles qu'on y arrive. Ainsi donc, aux fonctions ordinaires des métiers à tisser, il faut dans le tissage du velours ajouter des combinaisons mécaniques qui placent et retirent les fers ou baguettes pour former la frisure, ou qui placent ces fers et fassent agir un couteau *ou rabot* pour fendre ces mêmes boucles lorsque c'est du velours coupé qu'il faut produire. Ces problèmes ont été résolus de la manière la plus heureuse sur des métiers à l'Exposition, et pour des étoffes très-grosses et à hautes boucles, telles que celles des tapis, et pour des petits effets microscopiques réalisés dans l'article rubannerie sur le métier Joyot jeune, de Paris, dans lequel Saint-Étienne et Bâle excellent particulièrement.

LA RUBANNERIE EN SOIE.

Si nous ne parlons pas plus spécialement de l'industrie des rubans de soie au point de vue technique, c'est que cette industrie n'est représentée à l'Exposition que par le métier à velours envoyé par M. Joyot jeune.

Quant aux produits manufacturés, ils sont exposés pour la plupart, d'une manière collective, par les fabriqués de Saint-Étienne, de Bâle et par celles de Prusse,. d'Alsace et d'autres pays.

Saint-Étienne contient 90,000 habitants, et ses environs occupent 9,179 ouvriers et 14,443 ouvrières.

Il existe 15,000 métiers.

Suivant la Chambre de commerce, le produit pour l'année 1866 a été de 60 millions de francs. Il se répartit pour quatre cinquièmes entre les États-Unis d'Amérique, l'Angleterre et la place de Paris.

Le canton de Bâle, avec une population de 65,000 habitants, a 6,000 métiers environ ; pour la fabrication des rubans, dans la ville de Bâle seule, on trouve une cinquantaine de manufactures environ, dont une bonne partie sont de premier ordre et occupent de 300 à 400 ouvriers ; quelques-unes en emploient davantage. La production totale est d'environ 40 millions de francs. Les États-Unis sont le principal débouché ; ensuite vient l'Angleterre, dont la consommation augmente beaucoup depuis le dernier traité de commerce avec la France.

C'est à Guebwiller, en Alsace, qu'on a introduit pour la première fois en France le tissage pour la rubannerie mécanique. On y remarque une manufacture modèle de rubans qui emploie 600 ouvriers environ. Elle comprend 200 métiers mis en mouvement par une machine à vapeur de 30 chevaux.

SOIERIES VARIÉES ÉCOSSAISES ET A PETITS EFFETS.

Si des articles unis nous passons aux soieries rayées et à carreaux, dans l'exécution desquelles excelle depuis si longtemps déjà l'industrie écossaise, nous aurons pour les réaliser l'embarras du choix à faire parmi les nombreux métiers automatiques à navettes multiples, permettant au métier de changer spontanément un plus ou moins grand nombre de trames de couleurs différentes. Les nombreux métiers de ce genre qui figurent à l'Exposition semblent démontrer l'activité et la nécessité des recherches dans cette direction, et l'énergie avec laquelle la mécanique s'occupe de tous les problèmes dont la solution doit amener une économie quelconque. Ce n'est pas seulement dans les articles courants que cette tendance s'observe, elle est non moins remarquable pour les soieries les plus riches des diverses contrées industrielles, et surtout pour les plus beaux articles de Lyon, tant pour robes que pour ameublement.

TISSAGE DES GRANDS FAÇONNÉS.

On est en effet étonné que, malgré la cherté croissante des fils de soie, les soieries riches, tout en se perfectionnant dans le travail, n'augmentent pas sensiblement de prix.

Jamais peut-être les étoffes de Lyon pour robes n'ont décelé plus de goût, jamais celles de la même ville et de Tours, destinées à l'ameublement, n'ont offert plus de richesse et de perfection. Dans les soieries pour la toilette, on remarque surtout des effets particuliers de chinage avec des contours dans les parties façonnées, d'une finesse et d'une netteté qu'on supposait impossibles jusqu'ici dans ce genre de travail, et qui dénotent une supériorité à laquelle l'industrie française est seule arrivée jusqu'à présent. Il y a également des combinaisons d'armures diverses et de moires comme fonds de tissus, démontrant qu'il n'y a plus de difficultés dans cette direction; mais ce qui est surtout remarquable, c'est le maintien des cours modérés; ce résultat, indice d'un progrès marqué, est la conséquence des perfectionnements de toutes sortes dont le tissage des articles façonnés a été l'objet. Il suffit de parcourir la galerie des machines françaises pour se rendre compte des principaux. On s'est ingénié de mille manières différentes pour simplifier les éléments du métier Jacquard tout en cherchant à le rendre susceptible de produire les effets plus étendus et à meilleur marché. Ici on arrive à l'économie des cartons nécessités par ce métier, en diminuant la surface des trous et des pleins qui les séparent, de façon à en faire contenir davantage dans une surface donnée.. Ailleurs, le carton est entièrement supprimé et remplacé par une simple feuille de papier. Plus loin, c'est une combinaison ingénieuse dans la disposition des éléments du métier, qui permet à un même carton de servir deux fois de suite et de produire deux effets différents, et procure ainsi une économie d'au moins 50 0/0 des cartons. Des économies d'une autre source sont celles de la matière par l'exécution automatique du brochage, grâce à la propagation d'un organe additionnel précieux dans le métier à faire les façonnés, le *battant-brocheur*.

ÉTOFFES A MAILLES.

L'Angleterre et la France exposent également un article en soie imitant les dentelles connues sous le nom de *blonde*. Cet article, fait automatiquement et qui, depuis un certain nombre d'années déjà, est varié de la façon la plus élégante. offre les dessins les plus capricieux et les plus séduisants du travail de la dentelle à la main. Ces résultats sont la conséquence de la combinaison des métiers à tulle si ingénieux avec le principe du métier Jacquard savamment modifié dans ses applica- cations.

Le nouvel article pourra probablement aussi servir

4

comme tissu à bluter la farine et à tamiser toute espèce de substances plastiques.

RÉSUMÉ ET CONCLUSIONS.

Le travail de la soie, tel que nous l'avons analysé et
tel qu'il existe dans les contrées les plus avancées sous
ce rapport, embrasse donc sept branches manufacturières spéciales. Ces spécialités, quoique formant un
tout et se complétant les unes par les autres, comme
autant d'anneaux d'une même chaîne, peuvent néanmoins être scindées et pratiquées séparément l'une de
l'autre, comme cela a lieu dans divers pays et même chez
ceux qui les réalisent toutes. Il nous est démontré que
certaines d'entre ces industries présentent plus de difficultés que d'autres aux contrées qui, comme les États-
Unis, n'en n'ont pas encore l'habitude. L'Amérique peut
cependant espérer dès à présent de se les approprier
toutes lorsqu'elle le voudra résolûment, et qu'elle
apportera dans cette direction l'énergie et les efforts qu
lui ont permis de se placer au premier rang pour certaines de ses manufactures. Qu'elle apporte dans l'industrie séricicole et des soieries son génie d'investigation
qui l'a tant fait remarquer et lui a valu de si honorables
distinctions à l'Exposition de 1867, et bientôt elle éton-
nera l'ancien monde par ses nouveaux progrès.

Sur les sept branches industrielles embrassées par
les transformations dont la soie est l'objet, quatre peuvent dès à présent se développer sans aucune difficulté,
et prendre bientôt en Amérique l'extension et l'impor-

tance atteintes par l'industrie cotonnière. Nous voulons parler : 1° du moulinage des soies, entièrement automatique, consistant dans l'emploi d'un outillage des plus simples, et moins difficile à diriger que la plupart des machineries des fabriques en activité aux État-Unis. Quant à la matière première, il sera aussi aisé à l'Amérique qu'à l'Angleterre de s'approvisionner des soies gréges en Chine, au Japon, et même dans le Levant et dans l'Inde. Que le nouveau monde prenne l'Angleterre pour exemple dans cette direction. En moins d'un demi-siècle, le royaume uni de la Grande-Bretagne, qui ne produit pas un kilogramme de soie sur son sol, est arrivé à faire fonctionner près d'un million et demi de broches qui tordent la soie, et près de 11,000 métiers mécaniques qui la tissent et font vivre directement plus de 50,000 ouvriers, non compris le personnel employé dans la rubannerie et la bonneterie de soie.

2° La teinture des soies, pouvant être considérée comme complémentaire des teintures en général, ne peut offrir aucun inconvénient sérieux à s'établir aux États-Unis, les précautions préparatoires du dégommage ou décreusage de la soie formant une opération des plus simples. Il existe d'ailleurs des écrits techniques précis concernant aussi bien les procédés chimiques que les manipulations qu'il convient d'appliquer à cette précieuse matière.

3° Quant à la régénération et à la filature des déchets soyeux de toutes sortes, les États-Unis se trouvent d'autant mieux placés pour entreprendre ce travail qu'ils possèdent des quantités considérables de débris de cette nature, si parfaitement propres à être transformées en fil qu'ils font dès à présent l'objet d'un commerce assez important avec l'Europe. C'est assez dire que ces matières sont encore à un prix relativement très-bas, puisqu'elles peuvent supporter les frais d'un premier transport à l'état brut, et souvent d'un second transport pour nous revenir à l'état de produit après avoir traversé une seconde fois l'Océan. Nous avons déjà dit que, si nous sommes bien renseignés, l'Amérique du Nord serait bientôt dotée de cette nouvelle industrie.

4° Pour le tissage automatique des étoffes unies, l'Exposition de cette année prouverait au besoin que, sous ce rapport, l'Amérique du Nord a peu de chose à apprendre des nations les plus avancées de l'Europe. Les métiers exposés par les constructeurs américains ont été généralement estimés et se sont fait souvent apprécier par des particularités ingénieuses et des progrès remarquables.

Restent donc trois spécialités pour lesquelles il faudra plus de temps, et une expérience que nos compatriotes acquerront indubitablement en y apportant leur intelligence et leur persévérance proverbiales.

Vient d'abord l'élève des vers à soie. Or il nous semble qu'un premier point important peut être considéré comme résolu, celui concernant la culture du mûrier. Les diverses tentatives antérieures mentionnées plus haut démontrent que plusieurs districts des États-Unis sont propres à la propagation de ce végétal, indispensable à la chenille qui donne la plus belle soie. Et si l'éducation des vers n'a pas eu plus de résultats jusqu'ici, c'est probablement parce qu'au moment des premiers essais la population agricole n'était pas encore assez condensée, et manquait de quelques notions de

détails ou d'un peu de cette patience et de cet *amour*
qu'apportent à cette exploitation particulière les paysans
français et italiens. Mais avec les conditions climaté-
riques de certaines de nos contrées, et avec l'augmentation des populations qui viennent se recruter chaque
jour des individualités les plus diverses, et surtout avec
ce sol fertile et rémunérateur de l'Amérique, il n'est
pas possible que de nouvelles tentatives sérieuses
n'aboutissent pas au succès.

Le dévidage des cocons pour transformer les couches
soyeuses en fil grége qui vient ensuite constitue peut-
être une des industries les plus difficiles à propager partout, et surtout dans les localités qui n'en ont pas l'expérience. Cette circonstance tient à la part considérable de
la main-d'œuvre des femmes, qui influe particulièrement
sur la perfection des produits. Cependant le pays qui
possède des fileuses en laines et en cotons, les plus ha-
biles et les plus soigneuses, ne saurait désespérer de
leur voir produire cette matière si éminemment de leur
ressort, la soie.

Si nous avons la conviction que l'industrie des États-
Unis peut, dès à présent, développer considérablement
le tissage des soieries unies, des velours, des étoffes à
armures, des rayés, des écossais et des petits-façonnés,
nous ne nous dissimulons pas qu'il faut une étude plus
longue et des conditions plus compliquées pour atteindre les articles de haute nouveauté par lesquels l'industrie européenne, et notamment l'industrie lyonnaise,
brille d'un éclat tout particulier. Cette spécialité, grâce
à la longue expérience, au goût et aux connaissances
étendues des Français, est devenue un art véritable. Le
concours du métier Jacquard forme la hâte du succès ;

mais si ce métier est universellement en usage, l'ensemble des ressources qu'il offre, l'étendue des effets auxquels il peut atteindre, les procédés de son montage et de son appareillage n'ont été poussés nulle part aussi loin qu'en France, et particulièrement à Lyon. Nous en dirons autant de Calais pour l'application du Jacquard aux blondes ou dentelles de soie façonnées. L'exposition démontre par les produits de ce genre que désormais rien n'est impossible au travail automatique. De magnifiques spécimens de dentelles au métier qui imitent les dentelles les plus précieuses obtenues lentement et péniblement à la main, sont à l'heure qu'il est le résultat de la force motrice de l'eau ou de la vapeur. Les fonctions de l'ouvrier se bornant à une simple surveillance deviennent presque une sinécure, tant ces machines sont précises et admirablement réglées.

C'est ainsi que des produits rangés naguère encore parmi les articles de luxe sont chaque jour plus accessibles aux masses, en contribuant pour leur part au bien-être des populations qui les réalisent et au confortable de celles qui les consomment.

Chaque pas fait dans cette mémorable exposition éveille des réflexions de cette nature et paraît démontrer à l'humanité quelle est la véritable voie de la civilisation.

Nous ne terminerons pas sans adresser ici publiquement nos remercîments à MM. Arlès-Dufour, Duseigneur, de Lyon, Alcan, de Paris, et à plusieurs fabricants de différents centres industriels que nous avons visités, et à l'obligeance desquels nous avons recouru pour nous aider dans les nombreuses recherches auxquelles nous avons dû nous livrer. Les travaux de M. Louis Reybaud (1), de M. Pasteur (2), les archives des chambres de commerce de plusieurs villes de France, de Suisse et d'Allemagne, et notamment de Lyon, nous ont permis de compléter les renseignements fournis par les hommes éminents cités plus haut.

Quoique ce rapport soit déjà long, nous aurions pu le détailler bien davantage, si nous avions jugé convenable de reproduire les nombreuses considérations suggérées par la vue du grand spectacle auquel nous venons d'assister. Nous devons nous borner à dire que tout ce que nous y avons vu nous fait espérer de plus en plus le développement et la prospérité de cette industrie dans notre patrie.

ELLIOT C. COWDIN.

(1) *Étude sur le régime des manufactures*, par Louis Reybaud, membre de l'Institut. — *Condition des ouvriers en soie*, par le même.

(2) Rapports à l'Académie des sciences; par M. Pasteur, membre de l'Institut.

IMPRIMERIE CENTRALE DES CHEMINS DE FER. — A. CHAIX ET C. RUE BERGÈRE 20, A PARIS. — 7544

www.ingramcontent.com/pod-product-compliance
Ingram Content Group UK Ltd.
Pitfield, Milton Keynes, MK11 3LW, UK
UKHW020020080726
13614UKWH00003B/1480